Justin Larma

Elämän kaarella

runoja

ISBN: 9789523185333

Kustantaja: Books on Demand GmbH, Helsinki, Suomi;
Valmistaja: Books on Demand GmbH, Norderstedt, Saksa.

Elämän kaarella

Justin Larman toinen runokokoelma

Ensimmäinen kokoelma **Elämän virrassa** 2014
ISBN 9789522868176

sisältää kahdessa e-kirjassa Elämän makuinen 2014
ja Elämän poluilla 2014 julkaistuja runoja

Omistan kirjan läheisilleni

Jos

Jos tuntisin sinut,
tuntisinko itseni
niin kuin nyt.

Väliäkö sillä,
jos kuljen tuntemattomuuden varjossa,
enkä näe karismaattisuutesi valoa,
kun vain tiedän,
sen olevan olemassa,
edes aavistuksena.

Se on tunne
johon luotan.

Se on toivo
joka ruokkii elämää.

Jos kohtaamme,
ehkä tuntisin sinut.

Kaipaus Edeniin

Alastomana
elämänvirran äärellä
yötaivaan tähtien ja kuun alla
yksinäisyyden piina,
sydämessä
poisnukkuneiden kosketus

Varjoista kiipii kaipaus valoon
vastarannalle
etsimään tietä
pois maahisten joukosta
irti shamaanien tuskasta

Sydänveren vietti pakottaa
kulkemaan kukkuloille
tähyämään luvattuun maahan
ihastelemaan paratiisilintujen lentoa
lauhojen lehtojen yllä

Virran takana
loistaa syntymänvalo
kypsymässä
huomisen siunattu sato
täällä, vain kielletyt hedelmät

Piruparka itkee ikävää
vuodattaa suolaiset kyyneleensä
mananmajoilta kiiruhtaa kansansa pariin
juottaen uskonsa viinaa
sankoille joukoilleen

Harhaisin katsein
se humalluttaa uskomaan materiaan
mälläilemään mammonalla
keinojumalien arvoilla
rakennettujen torniensa hämärissä

Killuvat kultarenkaat
rikastuneiden jäsenissä
pintakuvat tatuoituina iholla
timantit tuuhistetuissa ripsissä
kestorusketus
poimuisilla kalman kasvoilla

Tyhjä sydän
huutaa kaipaustaan
Eedeniin

Memory Khao Lak 2004

Lempeät laineet lahdillaan
laguuneissaan lepäävät lomalaiset
lehdoissa livertävät linnut
laivat lähdössä luodoille

      Mannerlaatta musertuu
      murjoo merenpohjaa
      mutainen maa myllertyy
      murtuvat meren mainingit
      mahtaviksi matkaan

Rinteillä rosoiset rungot
rannoilla raukeat riisihaikarat
rinkkaselkäiset rientävät retkilleen
rauhaisiin rinteisiin
rakkaittensa riemuksi

      Siintäviksi siliävät santarannat
      salakavalasti syntyy sumuseinä
      soittavat suolaisen syvyyden synkät sävelet
      säälimättä syöksyvät
      särkemään seesteisen satumaiseman

Uinuvat ulapalla uimarit
utuisin unelmin
uhat unohtaneina

    Vyöryvät
    vihan vaahtopäät
    voimalla
    vinhasti viskoen
    vajoavia veneitä
    virran vankeja
    veden vangitsemia
    vainajiksi vääntyneitä
    valkohiekalle
    vuorten vierille

Tuhoutuvat talotkin tyrskyjen tieltä

    Yllätetyt
    ypöyksin, yhdessä
    ymmärtämättä ymmärtäen
    yrittävät ylös ylängöille

Raatajat

Maan alla
pimeässä tunnelissa
jyrsivien koneiden
voimalla
irtoavat
suuret lohkareet
nostaen
malmia ilman taukoa

Syvällä
vuoren uumenissa
puisten rappujen
alapuolella
loistavat
kristallikruunut
suolaisen
hämyistä valoa

Alhaalla
suolalouhoksessa
raavaiden miesten
yläpuolella
katsovat
pyhimyspatsaat
tarjoten
turvaa ja uskoa

Pyhä
on veisu
sydämen usko
autuas toivo
Jumalan lapsen
polvistu
nouse
ylistä

Rikas elämä

Maallinen
taivaallinen
yhtä helvettiä kaikki

loputonta
ikuista
kuurupiiloa kaikki leikki

luopumisen tuskaa
ajatusten kuraa
itsesäälissä kieriskeli

onneton apina
tyytymätön rotta
ikäväksi kaiken raateli

hiipumassa
luopumassa
kuolee toivoton enkeli

elämän raato
harkittu kaato
terävä sanojen sapeli

rajusti
rikkaaksi
kurjan elämäni muotoili

Se tuli

Jostakin se tuli
Lauhan lempeä föhn-tuuli
leyhäyttäen hellästi
apeuden puuterin
kasvoiltani,
hönkäisten
surunsamettisen
angstin- ja ahdistuksenviitan
harteiltani

Se tuli jostakin
Siristen sydämeeni
kevätpurojen riemulla,
ilon
pienet tuohilaivat
runsaspyörteisen
tulvan kiikuissa
rientäen kohti
auvon valtamerta

Vastaan se tuli
Pönttöpimeä tunneli
uhkakuvat
seinillään
rummuttaen vihaa
katkeruuden
rantalaiturien
tukipilareihin
rajusti riuhtoen

Se tuli
riehui
siintyi
sammui
Syntyi uusi aamu
uusi suruton päivä
tyyni onnen ilta
lempeän rakkauden
yö

Sininen

Punaisten lakanoiden
välissä, kehojemme lämpö
lepää aamun viileydessä

tulisieluinen pieluksellaan
sanavirta heräämässä
pohkeiden villi tanssi
elonuomaa etsimässä

punaisissa lakanoissa
aamu kutsui rakastamaan
heleän hikisin sänkiposkin
matkalle nirvanaan

Nouse unelmien sinisille vuorille
kipua kuumille rinteille
laskeu lauhan laaksoihin
sinisten lähteiden ääreen.

Kaadettu

Rumuuden raunioilla kukkaiskansa
maalaa aatteenpunaisia kukkia
murskattujen muurien palasille
muistoksi menneistä
tiedoksi tuleville

Elämänvesi

Löytämätön
löydetty
sisällään vuorijono
virtojen hioma
vajonneeksi tuomittu
vailla huomisen aamua
ikuisuus mukana

Ahvenruoho
uuden alun airut
kelluu pinnalla
lumpeiden lomassa
kaislikon kainalossa
kuulaan
sinitaivaan alla

Kaksi

Vain,

vain me,

vain me kaksi

elämme haaveemme

unelmasta todeksi

kietoutuen toisiimme

vain

me kaksi

Yksi

Suutelen sekunnin kevättuulta
vielä niin raaka
se on maisteltavaksi

Kypsyköön suvenlämpimäksi
kevyeksi kasvoilleni
mielelle unettavaksi

Tunteja nautinnossa
kesätuulen kainalossa
lepäillen raukeaksi

Tule ihana sade
pese pölypintainen laiskurisi
putipuhtaaksi

Anna uimapaikka
mahdollisuus kellua ja polskia
sukellella vapaasti

Suutelen sinut
elämäni syksyyn
odottamani

Unelmien villapaita

Sinä

Rakkaani

neuloit unelmistani villapaidan

pehmeän ja lämpöisen

torjumaan

mielen pakkasta

Innoissani

Niin innoissani
herään aamuihini
istumaan tuolissani
neulomaan sukkiani
joka aamu

Niin innoissani
kerään voimiani
lenkillä kävellessäni
reippaillessani
joka aamu

Niin innoissani
kohtaan maailmani
tunnelmat mukanani
vielä muistaessani
joka aamu

Niin innoissani
suljen syliini
sinut rakkaani
lähelleni
joka aamu

Ei verhoja ikkunoissa
ei piilopaikkoja katseilta
vain unelmat
ja elämisen
riemu.

Kuvat

Kultainen medaljonki

kehojemme välissä

rakkautemme kuvia täysi

Rajojensa vanki

Mustan ja punaisen

Lempiväreikseni tunnustan

Kolttu punainen

kantajana nainen

Vaan jos sitä kantaisi

miehenlainen

Se olis varmaan painajainen

Toipilas

Peiton alla

varpaat kurkistaa

päivänvalon viiru

lattian koristaa

pölypallo seikkailee

avoimen ikkunan ilmavirtaan

anopinkieli ruukussa

kuumemittari kainalossa

karkkipaperit mahan päällä

odotan iltaa

Elämän pelimerkit

Syntymä
Elo-olo
Kuolema

Askel
alussa
Matkalla
Määränpää
lopulta

Elettyjä unelmia
sepeliä elämänrattaissa
puhkottuja rakkauksia
lempeitä lapsuuden kuvia
äidinmaidosta saatuja

Maailma hellii ja rusikoi
taudit taistelevat tilastaan
sydän kamppailee tahdostaan
vierellä astut, vuoteeseeni kaadut
kipunoit

kunnes matka on lopussa
elämä eletty
uudesti synnytty

Voi sinua

Lensit pois
	humalviidakkoosi
ensin joka perjantai
ja pian
myös joka lauantai
			Sunnuntaikrapulaasi
			itkit itsesäälissäsi
			katuen tekojasi
Lensit takaisin
	selvin päin
aluksi
aloittaaksesi pian
lennot pois
joka torstai
			Kolmen päivän putki
			vaihtui jatkuvaksi tissutteluksi
			kokoaikaiseksi
Lennätin sinut ulos
	asunnostani
eräs maanantai
ja pian
tajusin sinut enää
vain muistoksi

Aikaa vastaan

Usko vaan
kaunis olet
vaikka peilissä kuvasi
muulta näyttäisi

Liekö siis totta
se mitä sanotaan
katsojan silmästä
kukapa sitä uskoisi

Vähentäisinkö valaistusta
kasvot saisi ehostusta
elämän jäljet, juonteet,
rypytkin piiloutuisi

Jos niin tekisin
kauneutesi katoaisi
muuttuisi kypsyytesi
raakileeksi

Niin henkilökohtaista

Kuvajaistasi
katselen linssin läpi
ihastuneena

Ryhdikkyytesi
saa haukkomaan henkeä
kateellisena

Kuvaajallekin
karismaattisuudella
on merkitystä

Vuodet ovat ahertaneet kehollasi
uurastaneet urat kasvoillesi
rypyt silmäkulmiin ja
poimut sorjaan kaulaasi
lempeästi ymmärryksellä
vuoranneet kaiken
kauniiksi katsella

Häkeltyneenä
okulaarit otsalla
kuvaa tuijotan

Monen monta

Monen monta kertaa
katkotut napanuorat
vapauttivat pingottuneen kuoresi
kitiseviksi
hamuamaan alkumaitoa
maallisen tomumajasi nisille

Monen monta kertaa
valvotut yöt
väsyttivät uurastuksestasi
voimattomaksi jatkamaan
uupuneena
lapsikatraasi loputtomille vaatimuksille

Monen monta kertaa
riemun kiljahdukset
saattelivat sinut alkavaan päivään
tietämättä miksi
tunnet itsesi onnelliseksi
onnettomaksi

Yhden kerran
elät lastesi lapsuuden
vasta myöhemmin
ymmärrät sen rikkaudeksi
korvaamattomien muistojen lippaaksi

Määränpää

Pienellä polulla

suuret jäljet

matkalla

kuihtuviin unelmiin

Keltaisessa huvilassa

Historia rusentaa nykyisyyden
runsauden moukarillaan
sitoo muistot salin seiniin
puhkottujen ovien kynnyksille
nariseviin oviin ja
natiseviin lattialankkuihin

Lian höyläämä kahva
avaa salvat entisyyteen
menneen ajan lumoon
vailla häivääkään koetusta ikävästä
suruista suuressa salissa
itkuista kammarien nurkissa

Sota vei talon isännän
kaatoi nuoren elämän
puhurina pyyhki yli maiseman
kuolonviikatteella leikaten
jättäen orvot odottamaan
ovea aukeavaa..

Sanat

Sanat tanssien tulevat
muodosta vapaina
kevyinä
solisten soivat puroina
juttelussa, tarinoissa

kunnes lopulta
valuvat raskaina
paatosten virtaan
pakenevat
vaikenemisen pyörteisiin
uupuen syvään
kerronnan tulvaan

ja taas ylös kapuavat
kipujen kanjoniin
pirstoutuen raivon kallioihin
tukehtuen murenina
tuskan turpeeseen
mumisevaksi mongerrukseksi
tavuttomaksi tankeroksi

Sanat
uudesti syntyvät
helisevät hellyyttä
kauneutta kaivaten
totuutta tavoitellen
korkeuksiin kiirivät
lempeästi kuiskaavat
hymisten huutavat
aatoksien aarteita
avaten
haaveiden haavia
tajunnan vietäväksi
ymmärrettäväksi
lähemmäksi
omaksi

Sanat

kirmaavat ajatusten taivaalla
etsien paikkaa tarinassa

Muusikon vapaapäivä

Mietinnän sinfoniaa
tuutulaulua
lepopäivän yöhön

keinutellen etsien
tahtia kuulostellen

ääniä sydän täysi pakahtumaisillaan
odotusta, toiveita
halujen koskikuohussa

Patarummun mahtikumuun
harppu helkähtäen vastaa

Hyvästi

Suru suutelee otsaani
kevyesti
kuin pyytäen unohtamaan

Sisälläni velloo kaipaus
vahvasti
en suostu irrottamaan

Menit pois

jäljelle jäivät
muistomme
ikäväni
ja nyt vielä
pohjaton kaipuu

Romantiikkaa

Hiljaisuuden
kevyt henkäys
poskeani vasten
kätesi kosketus
hiipivä rauha sisälläni

Lähekkäin
raukean kiireettömät
alastomat
lampaantaljalla
takkatulen äärellä

Hiukset sekoittuneina
kehot hehkuen lämmöstä
katoavien hetkien
onneen
uupuneina

Minä kysyn?

Muistatko pienet kivet pihahiekassa
kasvimaan vesiheinän
ruohonkorret nurmella
luonnon viljelmän voikukkia
niittyleinikit kedolla
ja paarmat ylilennolla
kärpästen surratessa korvissa

Kuinka kesäiltoina inisivät hyttyset
vesilammikoissa sammakot
    kurnuttivat
    ja tielle loikkivat
nauroivat harakat
seuranaan vaakkuvat varikset
Muistatko pääskyset
räystäiden alle pesiään rakensivat

Muistatko haavan talon päädyssä
kuinka lehdet havisivat
ja saunapolulla nokkoset
pieniä sääriä polttelivat
Kun istuttiin saunan lauteilla
selkä mustana
savusaunan hirsistä
silmät kitkusta itkuisina
           Muistatko?

Luonko nahkani?

Pitäisikö
voida rakastaa
aina parastaan
luopua tuskastaan
ja
luovuttamalla
itsensä uudistaa

Kai pitäisi
kokea riemulla
uutta rakkautta
murehtimatta vanhaa
kantamatta kaunaa

Viimeinen suora

Neljä ikärohmua
vuosien kuluttamaa
istahti rupattelemaan
menneitä muistelemaan

Nyt kun on aikaa
pitää ehtiä joka paikkaan
remontoida
matkustaa
lukea
ja edustaa
soittaa
laulaa
jumpata
tavata sukua ja tuttuja
kirjoittaa
juttuja, runoja, kertomuksia
valituksia
haalia alennuksia kaupasta
kiilata jonoissa
edut poimia
tarjouksista
laivalta, lentokoneesta
junamatkoilta
ja muistaa...

hakea lääkkeet apteekista
ennen kuin on
myöhäistä

On se totta

Nukkavieru takki roikkuu tuolin selustalla
rapaiset bootsit lattialla
    kuun valossa
sikin sokin sekaisin sukkia ja kalsareita
tyhjäksi revittyjä henkareita
Ja sinä
alaston vuoteella
    kuun valossa
pörröiset hiukset valtoimenaan
kimaltavaa massaa rinnoilla
olkapäillä, vatsalla
    kuun valossa
pyytävä kätesi
otettani odottamassa

Rappion äärellä?

Viisauden asunnossa
sydämen vankilan muurin varjossa
lymyää kokemuksenkahleissa
menneisyyden runsas taakka

      Ovissa avaimettomat petoksen lukot
      porstuoissa loppuun kulutetut pitkänmatkansaappaat
      Itkujen tavoittamattomissa
      ikuisen ilon ja hymyn lepohuone
      Notkuvien nautintojen pitopöydässä
      puhki räävitty rehellisyys

Viisaus

      kilometritolkulla sanojen paatosta
      sidottuna rypistyneille
      hiirenkorvin somistetuille
      lumppupaperisivuille
      lukutikuttomien
      oivalluksen tavoitettavaksi

      Kärventyy bittiavaruuden paineessa
      kirjaviisauden taivas
      paperittoman arkipäiväiseksi
      hymiöiden ja fonttien unohtuvaksi jonoksi

Sinä aamuna

Sinä aamuna

    taivaansini kirkasti
    syksyllä kynnettyjen
    peltosarkojen tummuuden

Sinä aamuna

    peltojen takana
    koivut
    olivat pukeutuneet
    vaalean vihreään huntuun

Sinä aamuna

    norjat rungot
    hohtivat heleää valkoisuutta
    auringon kilon väikkyessä
    puiden oksilla

Sinä aamuna

    peippo
    viritti suloisen laulunsa
    pihakoivun alimmalla oksalla
    hiirenkorvien lumossa

Sinä aamuna

    sydämeni
    lauloi
    rakkauden laulun

Sinä aamuna

    tulit luokseni

Prinsessa

Sataa

vitivalkoista lunta

kevyesti leijaillen

lempeästi

hiuksillesi

asettuen

Kimaltaa

vitivalkoinen

hunajaisten

hiuksiesi

lomassa

hohtaen

Sinut kruunaten

Sitähän se on ....

Ränsistynyt talo
metsän reunassa
himmeänä hohtaa valo
tuvan ikkunassa

Savu kohoaa kohti taivasta
varjot lepäävät vakaina kuun valossa
pajut peltosarkojen ojista
tietä kohti kurkottamassa

Pakkanen on huurtanut maiseman
kirjonut jääkukkia porstuan akkunaan
kumiteräsaappaat penkin alla
karvareuhka naulassaan verannalla

Yksinäinen istuu pöytänsä ääressä
pohtii alkavaa päiväänsä
kahvikupposestaan ryystää
haukkaa kevyttä einettä

Hiuksiaan harvenneita haroo
kuvajaistaan ikkunan ruudusta katsoo
ikävuodet jatkoa olemukseen anoo
mieltään jo hieman riepoo

Askelten kepeys on katoamassa
matka-askellus hidastumassa
kumarrus nyökkäykseen vaihtumassa
reuma niveliä murjomassa

Kauneus ja rohkeus
joka päivä telkkarissa
nojatuoli olkkarissa
uutisissa ei kehumista

Hyvinvointia huutaa yhteiskunta
kysynyt ei kukaan multa
paljonko tuosta välitän
mikä poistaisi yksinäisen ikävän

Hoitsu heittää pikakeikan
kuuraa altaan ja pikkuvessan
mattoa kieltää käyttämästä
ettei kompastu vanha elämästä

Sitähän se on vanhuus
tuotiin eilen lohduksi
mikroaaltouuni uus

Talven lumo

Helmiäisenä hohtaa
sininen varjo rinnallaan
hiipuen tummaksi
syntyen uudeksi
tähtikirkkaan avaruuden alla
aukeilla laakeaa valoaan loistaa
rinteet kimmellyksin koristaa

Pakkaslumi
narskuen
saattaa askellusta

Pienet lumitähdet
kevyinä leyhähtävät lentoon
suojasäällä natisevat kosteudesta
kovettuvat hankikannoksi pakkasessa
tykyksi pohjoisen kuusikoissa
luistaviksi olaiden alla

Kinostuessaan
tien sulkee
vartoomaan auran avausta

Tuuli leikkii hangen yllä
väistyy, piiloutuu tyvenellä
keikkuu, kuiskii kuusikoissa
viheltäen viuhuu pusikoissa
äityy puhuriksi kukkuloilla
myrskyksi merimatkalla

        Jäälautat
        lepäävät lahdella
        pienten kuuttien kotina

Pakkanen paukkuu
nurkissa koluaa
rusikoi vanhat hirret
huurteisiin uriin könyää
lämmölle viimein antautuu
kohti kevättä ja kesää

Somempaa

Naamakirjaani moni kaipas
naapurikin tiensä sinne raivas
kertovat että on tiedontaivas

Täyden täysi juorukoppeja
pullaa, pitkoa, vauvan peppuja, ruokakuppeja
kappas, joku ihailee julkkisten floppeja

räävitöntä veikkaamista
jonkun päätä särkee, epäilee sekoomista
taitaa olla ihan kroonista

Vatvovat vaipan paksuutta
pohtivat oliko rankinta ennen raskautta
vaikka siitäkin jo monta kuukautta

Nyt vaan perilliset huutaa ja kitisee
kun vaipat märkyyttään litisee
sänkykin harvoin enää liitoksissaan nitisee

ei sitä kyllä jaksaiskaan
eikä hotsita laisinkaan
ei oikeestaan enää koskaan

Ukko ei valvo yöllä
sanoo, elättää perhettään työllä
jotta ei tarvitse lisätä kiristystä suolivyöllä

Auto uusi kuitenkin hankittiin
St1:llä halpaa bensaa tankattiin
ja pitsalle Mäkkäriin porukalla ajettiin

pitää näyttää elintasoa
ylemmyydentunteella lesoa
NYT JUURI,
halutaan se sullekin kertoa

On tää face ihan ihana!

Kenties

En ensinkään
en sittenkään
en koskaan

Niin pelkoa täynnä
että rohkeudeksi muuttuu
vahingossa, yösydännä

Kuunsilta yllä
koivut tuulessa taipuu
kaatuu sitten ryminällä

Ei minulle
ei vieläkään
ei nytkään

Säleiksi runko pirstoutuu
Sinkoaa pirstat mäelle
kasaksi montun pohjalle

Kauhu katoaa
rohkeutta patoaa
antaa puhdin toiminnalle

Ehkä nyt
Ehkä sittenkin
Ehkä minulle

Pirstoja kerään
todellisuuteen herään
ryntään verannalle

Unesta herään
katson kuun perään
tuleen peremmälle

Nyt
sittenkin
minulle

Ensin en ymmärtänyt
Sitten en tahtonut
Kun tahdoin
kaikki oli
mahdollista
mahdotonkin
mahdollisuutena

Aivoitus

Ikämyksen vuorella
kuulostelen sanojen tulvaa
vaahtopäisiä ajatuksia
kuihtuvia lauseita
vailla kertomusta

Sää ja mää
siellä häärää
hymiöitään levittää
OMG - en osaa ymmärtää
kai sitä oppis, vois yrittää...

Sanatonten vuorella
raivoavaa musiikin tulvaa
rämistävät, ärsyttävät korvaa
tärisyttävät tärykalvoja
nystyjä vailla rajoitusta

Jes, siistii
eiks ookkii
makeet räppii
Spotifyltä ladattii
tabletilta kuunneltii...

Häärää digivuorella
nuori ruutujensa kansa
tulevaisuutta rakentaa
aivan uudenlaista
vapaana ennakkoluuloista

juutuupii
vatsappii
hästäkkii
meilii
veispuukii
skypee
vitterii
kuukkelii....
on monta muutakii

voi hyvä tavaton
tätä meininkii
koville ottaa tätäkin
vanhaa ukkelii
tiedä mistä
ottais kii
Niinpä niin.

Pois

Huomen tuli
Valkenee
lumi
valkoinen pumpuli
hupenee

Yön yli jaksoin
nyt vielä paremmin
pian sulan
ennen kuin yö
taas tummenee

Hännystelijä

Sua linssiluteeksi haukkuvat
kaikkien kuullen mokomat
päälle paskasesti nauravat
kuin jotkin pikku tolvanat

Kuvattavaksi älä asetu laidalle
voi joku peijooni naamas pois leikata
Sanoit, tälläydy siis aina keskelle
ja että, mieskin voi näyttävästi meikata

Mietin, mannekiinikoulua varmaan kävit
kun keskellä tietä tahdot liihottaa
sinäkin paremmat päivät joskus näit
paikkaas katoavaa taidat puolustaa

Soreasti yrität vieläkin portaita astella
kameramiehet jatkuvasti kintereillä
haluavat kuvillas rehvastella
herkutella huomios rippeillä

Salamoiden välkkeestä nautit
riennät juhlasta juhlaan
perääsi narrilauman hamusit
juoruajat, jo avaavat sepustustaan

Olisinko

Aina välillä
useinkin
pohdituttaa
aivan tavalliset asiat

Onko reikäleipä parempaa
kuin limppu
tai pikkupulla maukkaampaa
kuin pitko

Joskus tulee myös mieleen
miksi
jäätynyt lukko
tarttuu kieleen

Mutta
mitä jos olisin
lintu

Lentäisinkö
ilman siipiä?

Ajatusten tie

Tie pellon, niityn ylittää
ojan, puron, joen silloittaa
järven, lammen kierrättää
metsän sylissä viivähtää
toviksi piilottaa
kummulle, mäelle yrittää
viimein ylittää
vaaroille, vuoren rinteille kiemurtaa
tunnelissa alittaa

Tie
vie myös sydämeen
Kysyn
-Mitä silloin teen,
kun se johtaa ystävyyteen,
rakkauteen?

Julkaistu runokirjassa Eriparisukat 2015

Kotipihalla

Terijoen salavia
kymmeniä
tontin laidalla
isojen kuusten katveessa

varjostavat
suojaavat pihanurmea
paahteelta
hämyssä kasvaa sammalta
on maa hapanta

ikivihreä maan pinta
pehmoinen astella
paljain jaloin suvella

Aamuhämärässä

Aamuhämärässä
keväisellä peltotiellä
tarvon lumisohjossa

Taivaalta mättää
märkiä räntärättejä
tuuskahdellen vaakatasossa

Näkyvyys pellon yli
ja lämpöasteetkin
lähes nollassa

Minä kummajainen
rämmin mustissani
koira talutusnuorassa

Talon pihavalo
lävähtää kirkkaaksi
varjokuvat pitkinä hangessa

Karkumatka mummolasta

Olin mummolaan vierailulle kärttänyt
ja vanhemmilta lupaa usein kerjännyt
siirtyviin lupauksiin pettynyt
viimein äiti oli heltynyt
ja matkaan päästänyt

Kalle-enon pyörän tarakalla
tehtiin matkaa urakalla
soratietä kurvailtiin
mäkiä ylös ja alas kivuttiin
mummolaan viimein saavuttiin

Mummon koti sijaitsi sahalla
mökki törötti maalla alavalla
vetisen puron rannalla
lähes suon reunalla
tuoksuivat tervatut pölkyt radalla

Illan hämärtyessä
öljyvalon himmeässä kajossa
isoäidin hämärässä tuvassa
russakat ryntäsivät ruokakaapissa
valon sinne osuessa

Pienen pojan tarmolla
unta vastaan tahdoin taistella
säestin koti-ikävääni itkulla
mummo yritti vakuutella
vanhemmat tulisivat aamulla

Varhain noustua
halusin piipahtaa pihalla
en malttaisi odotella
oli suunnitelma takaraivolla
pian olisin pakomatkalla

Karkuun kipitin pitkin polkua
kuusivuotiaan tarmolla
rinnettä kipusin, isoa nousua
tunsi lievää pakokauhua
kun vaan ei tulisi junia

Ratapölkkyjen tervan tuoksussa
etenin aluksi juoksussa
viiden kilometrin matkalla
välillä olisi yksi asema
niin taivalsin kohti kotia

Pian tulisi kokkelipiimätalo
radalla tuttu hahmo
äiti kädessään maitopullo
toisessa kannu jossa lommo
mitä sanoo nyt mummo…

Laihan pojan painajainen

Sylkykupissa selällään
makaan läskit levällään
ei luita näy, ei tunnu ensinkään
rasvakerroksen läpikään
sormet löydä etsimään

Haukkuvat läskiksi mielellään
mitäs tuota kieltämään
satuin näillä geeneillä syntymään
vahingossa mutsin ja faijan elämään
Pilasin niiden kuhertelukevään

Kiljuin ja rää'yin nälissään
tosin en syystä itse tiedä mitään
yrittävät ryhtyä mulle selittämään
vaan aina raivarini saa keskeyttämään
ja mutsin itkemään

Parkumaan saan sen itsestään
kykenen syyllistämään
faija jo kerran mua niittas nenään
ja juoksi pihalle mun perään
.....unta näin, painajaisesta herään

Iltapuuro

Äiti potkien
matkaa taittaa vilkuillen
metsätaipaleen

Tummuva ilta
poika potkukelkassa
kuullen ulvontaa

Synkkä metsä on
matkaa vielä jäljellä
hieman pelottaa

Maataloon retki
maitokannu mukana
pojan sylissä

Kajastaa valo
talon pihapiiristä
pelko kaikkoaa

Pihalla lyhty
tehty lumipalloista
palaa kynttilä

Poika ihastuu
kaunis näky viehättää
aito tunnelma

Lehmän maitoa
kannullinen mukana
kotimatkalla

Repolainen saa
parin matkaa todistaa
piilopensaastaan

Kotiin palataan
punaisen mökin portaat
puhtaat lakaistut

Isä ja siskot
kotona odottavat
iltapuuroa

Liesi lämmin on
kattila jo tulella
mannapuuroa

Nautitaan herkku
voisilmää sen pinnalla
lapset rakastaa

Runo

Siinä ovat sanat

jonossa kuin pakanat

sikin sokin sekaisin

jotain yrittäen sanoa

veikkaisin

Jotain loppusointuista

haikua, ehkä tankaa

vai realistista, romanttista

kuvaamaan elämänlankaa

Pirskutarallaa

jo vähän naurattaa

mahtaako tästä mitään tullakaan

mutta koitetaan – runoillaan

Ratsastettu enkeli

Niin korkealta
katsoo
sadan millin
koroissa

Niin riehakasta
kavereitten kanssa
pöydällä on tanssia
    vaatii veronsa

Tähti
riemustaan kirkas
hetken loistaa
himmeten katoaa

Kirkasta lasillinen
toinenkin
tietenkin
tajunta katoaa

Kaikki heleät sanat
ruostuvat
riidan
raiskaamiksi

Maailma sumeni
Löi salamana tajuntaan
Katseen piilotti
Silmät mustiksi

Pimeään katsoo
ei aamun valkeaan
juopunut nainen
hame korvissaan

Ratsastettu enkeli
Siivet supussa
Kävellen kotiin
Ensi viikonloppuna
kaikki uudelleen.

Lopun enteet

Surua silmät
huutoa korvat
itkua
sydän
lemmen täysi

Hehkeä ihoni
nyt kuulas
kalvas
kesytetty
kuolemalle

Punaposket
puuterin alla
rutuiksi
nirhaumiksi
murtuneet

Koppuraiset sormet
lohtua
etsivät
harovat
luokse kutsuvat

Suruharso

Lipuu soljuu
tuonenvirta
katsoo hiljaa
rantamilta

Itkuliina hartioillaan
surunharso hiuksillaan
pois nukkuvaa
suree, levon saa

Kaipaus astuu
sydämeen
kyynelistä kastuu
liittää menneeseen

Julkaistu runokirjassa Eriparisukat 2015

Muistopuisto

Sarana särähtää
kitisten raottuu
kiukkuisesti vingahtaa
aukeaa

Vanha kivimuuri
sulkee huomaansa historian
menneiden aikojen urhot
maamot

Paadet kummuilla
kultakirjaimet haalenneina
ikävöivät uusiin
aamuihin

Peippo laulaa reviirinsä
keväimensä
Vielä portti vingahtaa
sulkeutuu

Julkaistu runokirjassa Eriparisukat 2015

Kohtalon viemät

Niin hiton hiljaa
melskaavat surmaajat
vallankurimuksessaan
rajan takana
etteivät
kuolonkorinassaan
auttajia kaipaa

Piiloutuvat huppupäiset
miljooninensa
paukkurautojen
raadellessa
veljeskansan
lahoavaa kehoa

Palatseissaan värjyvät
Hymisevät
hymnejänsä
härmäisiksi saattosanoiksi
kuoleville
messujansa
vieraan uskon pakanoille

Tulee mennä

Sohjoinen polku
tien varrella
ja ne muutamat askelkuvat
jättämäsi
kertoen reittisi

Kuusikon reunassa
ojan takana pajupensaita
täynnä pieniä
valkoisia
pajunkissoja

Hyrisen mielihyvästä
rakastan rapaista kevättä
odotusta
luonnon heräämistä
katson jälkiä

Sinne olet mennyt
kuusipuiden lomaan
tallautumatonta reittiäsi
askeltaen jälkiäsi
etäälle

Ei tänäänkään

Liiku liukkaasti
nyt se onnistuu
yön jäljiltä jäätynyt asfaltti
moni varomaton siihen liukastuu

Kotonaan vanhus
pikitien varrella
odotus rinnassa
josko tulis vieraita
istuisivat hetken tuossa
poistuessa
saisi vilkuttaa akkunassa

Nastarenkaat ujeltaa
alkaa aurinko laskea
ei käynyt kukaan
pihapolulla

Silmät kostuen
sulkee hiljaa ikkunan
toivon siirtää huomiseen

Lohtu

Soi ilo, suru sävelissä
kaihon kutsu sydämissä
helkkyy tajuntojen virta
lipuu sinfonian silta

musiikki on sielun taikaa
mieli lepää, vaik´ ottaa aikaa
sanat herkistävät kuulemaan
luotujen hetkien tunnelmaan

Operetti säveliä helistää
Ooppera voimallaan yllättää
Sinfoniat mahdillaan mykistää
Bolero tulisuutta ylistää
Rock tajuntaan rymistää

Sanat ja musiikki
meitä yhdistää

Arjesta
elämä
juhlaa
poikii